UN
DES
SIÉGES DE BLAYE
(1580)

PAR

LE Dr GELINEAU
Ancien Chirurgien de Marine

BLAYE
IMPRIMERIE TYPOGRAPHIQUE D'EUGÈNE BRUNETTE
11, rue des Maçons, 11

1880

UN DES SIÉGES DE BLAYE

UN DES SIÉGES DE BLAYE (1580)

PAR

LE Dr GÉLINEAU

Ancien Chirurgien de Marine

BLAYE
IMPRIMERIE TYPOGRAPHIQUE D'EUGÈNE BRUNETTE
11, rue des Maçons, 11.

1880

UN
DES
SIÉGES DE BLAYE
1580

I

Dans un moment où le goût des études historiques se développe de plus en plus, où tant d'érudits, en interrogeant tour à tour les monuments, les ruines, les anciennes chartes et les poudreux parchemins, s'efforcent de disputer à l'éternel oubli un nom, une période, un incident inconnus, mal compris ou insuffisamment éclairés, il est étrange que l'histoire de Blaye n'ait été retracée par aucun travailleur patient. Voisine de l'antique Burdigala, fondée avant elle ou tout au moins en même temps, mêlée à la vie active de cette remuante cité, Blaye a joué, à toutes les époques de l'histoire ancienne et moderne, un rôle important. Sa position de sentinelle avancée sur les bords d'un fleuve immense, les facilités que la main de l'homme a trouvées pour fortifier le roc escarpé sur lequel se groupèrent ses premières maisons, le voisinage d'un pays que la culture de la vigne sur les coteaux qui l'entourent et celle des céréales dans les terrains d'alluvion qu'elle domine, ont toujours enrichi, ont rendu, dans tous les temps, sa possession enviable. Malheureusement, les archives de la ville ont été brûlées dans les nombreux siéges qu'elle a soutenus et il ne reste rien qui puisse éclairer son histoire qu'on ne pourra reconstruire qu'en cherchant dans les vieilles chartes et les livres où son nom se présente, les fastes de cette ancienne petite ville, ignorés aujourd'hui de ses propres enfants et qui cependant méritent parfois d'êtres cités avec éclat dans les annales de notre glorieuse France.

Je ne veux aujourd'hui que me faire le chroniqueur fidèle d'un des siéges soutenus par Blaye, pendant les guerres de religion, en m'appuyant sur les mémoires du temps, qui nous feront comprendre ce qu'était la ville avant la dernière transformation (bien inutile aujourd'hui, avec la longue portée de l'artillerie) que lui fit subir le génie de Vauban, en 1652.

Quand on s'attache à la lecture des annales qui se rapportent à notre pays, pendant le XVme et XVIme siècle, on ne peut s'empêcher d'être frappé d'une particularité se rapportant à Blaye. C'est que, presque toujours, cette ville est restée rattachée à la couronne et a été regardée comme un de ses fiefs, un de ses domaines. Cela vient-il de ce qu'un roi de la première race, Charibert, y vécut, y mourut, y fut enseveli et que ses successeurs tinrent à honneur de ne pas aliéner cet apanage? nous ne croyons guère à tant de chevalerie, et nous pensons plus volontiers que la position importante de cette forteresse, au pied de laquelle passaient alors tous les navires allant à Bordeaux, en payant un droit de péage en nature ou en argent, était une source trop considérable et trop facile de revenus pour que la couronne consentit à s'en dessaisir. Quelques barques bien armées, de hardis matelots, suffisaient, en effet, pour s'assurer sans peine, des ressources assurées que l'enceinte d'une forteresse, inexpugnable avant l'invention du canon, gardait à la disposition du roi. Tel a dû être, en effet, le motif de la sollicitude royale pour Blaye, à toutes les époques et tandis que nous voyons, autour de Blaye, nos Sires récompenser leurs vassaux, pour les services rendus dans la diplomatie ou dans la guerre, en leur donnant des châtellenies considérables qui en font presque des souverains, — par exemple, les seigneurs de Pons, de Mortagne, de Coze, de Montendre et de Mirambeau, — dont quelques-uns frappent même monnaie, les rois de toutes les races établissent en général dans Blaye, des gouverneurs sous leurs ordres immédiats, ne relevant que d'eux. Que ce coin de terre soit sous la domination anglaise ou qu'il retourne à la France, le suzerain n'abandonne à personne cette forteresse importante, suspendue comme une menace ou un avertissement sur la tète des ducs d'Aquitaine, avides d'indépendance et plus tard, sur celle des bourgeois et du parlement de Bordeaux, remuants et frondeurs !

Une autre considération nous frappe encore dans le récit de ces guerres de religion qui ébranlèrent si profondément et si longtemps le sol de notre patrie, c'est la fidélité remarquable des Blayais à la foi catholique; fidélité qu'ils soutinrent non seulement par le cœur, mais, comme nous le verrons tout à l'heure, les armes à la main.

Peut-être, cette complète indépendance dont nous parlerons tout à l'heure, vis-à-vis des comtes ou des ducs voisins de leur pays, contribua-t-elle à inspirer cette fidélité des Blayais à leurs rois, car, à cette époque troublée, où chaque seigneur, impatient de l'autorité royale, se couvrait du masque de la religion pour affirmer son indépendance et étendre son domaine aux dépens de son voisin plus faible, les vassaux étaient bien forcés d'entrer en campagne et de se jeter dans la mêlée. Piller ou être pillés, tuer ou mourir, il n'y avait pas d'autre alternative pour ceux que ne protégeait pas une enceinte fortifiée.

Heureuses murailles, en effet, qui protégèrent plus d'une fois les Blayais d'une attaque à main armée, en 1580 surtout. C'est celle que nous allons décrire aussi exactement que possible, en nous aidant de tous les documents que nous avons pu rassembler. Mais, qu'il nous soit permis auparavant de rappeler l'état des esprits à cette époque.

Trois partis se disputaient depuis quelques années et le pouvoir et les lambeaux du territoire de la patrie. D'abord, le parti catholique, à la tête duquel était le duc de Guise, dont la bravoure chevaleresque avait fait tourner la tête des Français et que, par ses statuts, la sainte ligue venait de proclamer son chef. De Guise commençait évidemment à se familiariser alors avec cette audacieuse pensée de porter bientôt le sceptre royal, trop lourd pour les mains efféminées d'Henri III. Puis, le parti protestant, qui avait à sa tête M. le duc d'Alençon, Henri de Bourbon, roi de Navarre, le prince de Condé et d'excellents capitaines, tel que les Montmorency, les Chatillons, les Latour d'Auvergne, les Lanoue et de nombreuses places de sûreté, parmi lesquelles la Rochelle, la Réole, St-Jean-d'Angély, que Condé avait même obtenu de garder comme résidence. Enfin, le troisième parti était représenté par le roi Henri III, grand admirateur de Machiavel, soutenu par sa mère, cherchant à force de finesse et de dissimulation et en prodiguant les serments les plus opposés, à détruire ou à faire s'entre-détruire les deux factions rivales et n'arrivant qu'à se faire détester et mépriser par ses ennemis et ses amis eux-mêmes.

Ces trois partis, après des alternatives de succès et de revers, épuisés, à bout de forces et de ressources, avaient signé à Bergerac (7 septembre 1577) la paix dite *du roi;* mais ce n'était là qu'une trêve de quelques instants. Autour du roi, et dans Paris, la lutte continuait entre les mignons d'Henri III et les favoris des ducs de Guise et d'Alençon qui se battaient chaque jour en duel, encouragés secrètement par leurs maîtres. Fatale habitude qui, de la cour, s'étendit bientôt en province. Du reste, les mains qui maniaient depuis tant d'années le mousquet et l'épée ne touchaient plus qu'à regret à la faucille et à la charrue. Et, pendant que dans le Midi de jeunes gentilshommes de la petite cour de Nérac, poussés à la guerre (guerre dite des *amoureux*) par leurs maîtresses, s'emparaient dans le Midi de quelques villes, Condé, maître absolu dans le Poitou, Henri de Navarre, maître en Guienne, encourageaient tout bas leurs lieutenants à tenter ces coups de main isolés que nous dépeignent si bien Davila, d'Aubigné, de la Popelinière et de Lanoue dans leurs mémoires.

Etrange époque que celle-là! Cinq à six fois la paix est solennellement jurée; catholiques et protestants s'engagent bien haut à l'observer, mais les rancunes religieuses sont de celles qui ne s'éteignent pas et qui couvent sous la cendre pour se réveiller plus vives que jamais. Aussi, sans oser se combattre ouvertement en bataille rangée, chaque parti, jetant un coup d'œil d'envie sur le poste voisin du sien, viole la paix sans scrupule et tente de s'en emparer, espérant y trouver du butin pour lui et un agrandissement de territoire pour son maître! De là bientôt une guerre d'escarmouches générales, tant il est difficile, comme l'écrit à ce sujet Castelnau, qu'un peuple aussi belliqueux que le Français puisse être longtemps en paix chez lui, quand il n'a pas l'occasion d'exercer ses armes au dehors !

Chacun embrassait avec d'autant plus de plaisir cette existence aventureuse que la guerre était pour ainsi dire une nécessité pour vivre en ce temps désastreux. Le laboureur osait à peine semer son champ et cultiver sa vigne, ne sachant s'il lui serait donné de recueillir le fruit de son travail. Les grandes routes n'étaient plus sûres, l'argent s'enfouissait dans la terre et chaque parti, désireux d'en avoir, pillait et torturait son voisin, pour s'emparer de celui qu'il pouvait posséder. L'expédition échouait-elle? trouvait-on sur ses gardes l'ennemi qu'on espérait surprendre? Les aventuriers rentraient dans leurs places fortes où l'impunité leur était assurée!

Après ce coup d'œil sur la situation générale de la France, examinons quelle était, autour de Blaye, la position respective des deux partis en 1580.

D'un côté, les protestants avaient une véritable ceinture de places fortes communiquant pour la plupart avec la mer, où ils trouvaient un refuge assuré. La Rochelle, religieuse ou, pour mieux dire, fanatique autant que guerrière ; Pons, au donjon majestueux ; Royan, hérissé alors de murailles menaçantes ; Coze, Taillebourg, Tonnay-Charente, Saint-Jean-d'Angély, étaient autant de boulevards où l'on pouvait, en tout temps, recruter de hardis compagnons qui avaient fait les guerres de Flandre et d'Italie et étaient toujours prêts à monter à cheval ou à saisir piques et arquebuses, aussitôt qu'un chef entreprenant les appelait sous sa bannière. Et Dieu sait, si dans le cœur de ces nouveaux religionnaires, auxquels Luther lui-même avait enseigné qu'ils ne devaient obéissance à aucun maître sur la terre (Bossuet, *Des variations de l'Eglise*), fermentait cet esprit frondeur et contempteur de l'autorité qui est et sera toujours le plus funeste ennemi de la tranquillité de notre Pays et le plus grand obstacle à son agrandissement.

Mais, si les enfants perdus du protestantisme défiaient leurs ennemis du haut des remparts de tant de villes fortes, les catholiques possédaient aussi de solides citadelles, où, à côté de chefs expérimentés et fidèles, veillait une population dévouée et énergique. C'étaient Montaigu, Brouage, Maillezais, Niort, Blaye, Bourg-sur-mer, et enfin Bordeaux. Dans tous ces endroits, soldats et habitants rivalisaient de zèle, toujours prêts à saisir leurs armes accrochées aux murailles de leurs maisons, pour défendre leurs toits, leurs biens, leurs femmes, leurs enfants, leurs églises et leurs prêtres. Chacun d'eux savait, en effet, qu'en cas de défaite, ils ne devaient plus compter sur la générosité du vainqueur. Aucun d'eux n'ignorait que, victorieux, les protestants mettaient tout au pillage, brûlaient les églises après les avoir souillées, enlevaient les femmes et pendaient les prêtres et les moines, après les avoir insultés et accablés d'injures ; aussi, quand l'occasion l'exigeait, chaque habitant combattait-il avec énergie derrière ses murailles pour sa fortune, pour sa famille et pour sa foi, c'est-à-dire, pour tout ce qui donne, en certains moments de la vie, un cœur de lion à l'être le plus débonnaire !

De tous les chefs protestants pouvant exceller dans ces coups de main, sans rompre avec trop de fracas la paix jurée, il n'en était point de plus habile et de plus entreprenant qu'Agrippa d'Aubigné, fidèle compagnon du roi de Navarre, instruit, résolu, ingénieux en ruses et en ressources, meilleur capitaine enfin que bon courtisan. Il avait reçu de Henri de Béarn la mission de s'emparer, sans bruit, de diverses places en Périgord, en Saintonge et en Poitou. Quoique sans argent et sans crédit, nul ne savait mieux que lui enflammer le soldat, l'entraîner sur ses pas et suppléer au nombre par l'audace, en faisant briller aux yeux de ses subordonnés l'espoir d'un riche butin. Henri de Navarre n'en faisait-il pas autant pour ses proches compagnons et n'allait-il pas, quelques années plus tard, donner au monde ce spectacle unique d'un roi hérétique et sans un sou vaillant, conquérant son royaume catholique en ne distribuant que des promesses et jamais un écu ! Et cependant, quel chef fut jamais plus aimé de ses soldats ? C'est que, ne l'oublions pas, s'il n'ouvrait pas une bourse toujours vide, hélas ! il savait, à grands coups d'épée, s'ouvrir les lignes ennemies ; qu'il était toujours au premier rang aux jours de bataille ; qu'humain après la victoire, il était affable pour tous et enfin que son esprit gaulois autant que sa vaillance charmaient tous ceux qui l'approchaient. Que n'avons-nous eu, lors de nos désastres de 1870-71, un général épris de gloire, toujours le premier au feu, faisant passer comme lui dans le cœur de ses soldats cet esprit de ténacité, d'opiniâtre résolution, qui fit jadis la fortune du Béarnais. La France, si amoureuse de gloire, si facile à entraîner quand on parle à son cœur, n'aurait peut-être pas perdu son ancien titre de reine des nations !

En voyant tout à l'heure d'Aubigné, élevé

à la rude école d'Henri de Navarre, partir en guerre pour prendre Blaye, véritable toison d'or qui fascinait ses yeux, nous ne pouvons nous empêcher de songer à ce vieux proverbe : « Qui se ressemble s'assemble », ou à cet autre : « Tel maître, tel valet ! »

Blaye était devenu, en effet, l'objet des ardentes convoitises du partisan huguenot. Il songeait que, quelques années auparavant, ses corréligionnaires s'étaient emparés sans coup férir de la ville et du château qui leur avaient été livrés, en 1568, par son commandant le sieur des Roys et son subordonné le capitaine Pastourat (1) et il espérait que de nouvelles intelligences dans la place le feraient entrer, lui aussi, dans une forteresse rapportant sans peine des revenus considérables. Enfin, il comptait sur son audace et sa bonne fortune habituelle pour réussir dans une entreprise qui donnerait un nouvel éclat à sa réputa-

(1) D'Aubigné, dans ses Mémoires, dit que ce fut le capitaine de Pardaillan qui livra Blaye aux huguenots, et plusieurs auteurs l'ont répété après lui, mais, c'est à tort, car nous verrons plus loin que le maire et les jurats de Blaye, accusent, dans leurs lettres au roi, à la reine-mère et au maréchal de Biron, M. des Roys seul d'avoir consommé cette trahison avec l'aide de son lieutenant, sans mentionner aucunement M.de Pardaillan.

Du reste, M. des Roys commandait à Blaye dès 1548, car, lorsqu'eut lieu à cette époque la révolte des Saintongeais contre la gabelle, M. de Moneins, lieutenant du roi de Navarre en Guienne, ordonne, en présence de l'émotion populaire et des disposition de capitaine aussi hardi qu'heureux.

Le château de Blaye avait alors pour gouverneur le baron d'Hervaux, qui vivait dans ses terres, se contentant de jouir des bénéfices de sa charge, sans en avoir les ennuis, et s'y faisait remplacer par son lieutenant, M. de Villiers. Se confiant à la foi des traités, la garnison n'était composée que de huit ou dix soldats et de trois officiers en sous-ordre, dont d'Aubigné, dans son *Histoire universelle*, nous a conservé les noms : les sieurs de Nivaudière, Turtrie et de Laleu. Ces derniers, poussés par cet esprit d'indiscipline ou de changement si commun à cette époque, ayant entendu, d'autre part, vanter l'abondance et la joyeuse vie dont jouissait la garnison protestante de Montaigu, s'abouchèrent, sous un prétexte quelconque, à l'insu de leur commandant, avec La Boullaye, lieutenant de d'Aubigné, à la tour

---

tions hostiles de toute la contrée, que M. des Roys et le gouverneur du fort du Hâ, relâcheront les insurgés qui ont été faits prisonniers et internés à Blaye et à Bordeaux. (Manuscrits de la bibliothèque nationale, collection Dupuy, t. 775, page 21).

Un des seigneurs de Pardaillan a cependant joué un rôle dans l'histoire de notre pays, vers cette époque; cela est certain, mais lequel? C'est une question obscure à élucider comme tant d'autres. On retrouve dans le Blayais trop de localités portant ce nom, l'une auprès de Cars (château appartenant à M. Tondu, ancien magistrat), l'autre sur le littoral du marais, servant de port à St-Androny, pour qu'un des Pardaillan n'ait pas eu quelque propriété dans le pays.

d'Oiré, et lui firent part des facilités qu'avec leur aide auraient les protestants pour s'emparer du château de Blaye, qu'ils venaient de quitter. La Boullaye, prêtant l'oreille à leurs propositions, les conduisit à d'Aubigné, qui goûta fort leur projet et les accueillit avec d'autant plus de plaisir qu'ils se faisaient forts d'entraîner dans leur résolution M. de Villiers, qui, disaient-ils, leur avait témoigné de son désir d'entrer au service du roi de Navarre.

D'Aubigné leur assura, à son tour, qu'ils pouvaient compter sur son énergique concours, ainsi que sur celui de La Boullaye, mais il leur recommanda avant tout de s'efforcer de mettre dans leurs intérêts le gouverneur, car, s'il venait en aide à leur commune entreprise, la réussite en était certaine ; tandis que s'il s'y opposait, ils devaient alors s'armer de résolution et prendre un parti décisif, afin d'agir à l'intérieur du château, pendant que lui les seconderait au dehors, en attaquant les ouvrages extérieurs. D'Aubigné ajouta que c'était à eux à bien réfléchir avant, mais qu'une fois leur projet arrêté et convenu, il s'engageait, de son côté par serment, ainsi que La Boullaye, à leur venir en aide énergiquement, et ils devaient savoir combien il était fidèle à sa parole jurée, même au péril de sa vie.

Diverses circonstances retardèrent l'accomplissement de cette entreprise, mais, enfin, la valeur de l'affaire, comme dit d'Aubigné, décida tout le monde, et voici à quelles mesures on s'arrêta pour mener à bien ce projet.

D'Aubigné devait prendre, à Montaigu, quarante gentilshommes et quatre-vingts arquebusiers à cheval, en comprenant dans sa troupe les trois complices, qui le quitteraient à St-Jean-d'Angély, pour de là se diriger sur Blaye, où ils rentreraient comme officiers revenant de permission, afin d'y exécuter leur complot. D'Aubigné resterait quelques jours à Saint-Jean-d'Angély, c'est-à-dire en pays ami, pour y choisir de nouveaux compagnons d'armes, avec lesquels il se trouverait sur la contrescarpe du château, le 1er juillet, à 6 heures du soir, mais plutôt après six heures qu'avant, car, pour ne point éveiller les soupçons, il pensait qu'il valait mieux être un peu en retard qu'en avance.

De leur côté, les trois complices s'engageaient, une fois rentrés dans la forteresse, à poignarder, au jour fixé pour l'exécution du complot, les quelques soldats qui composaient la garnison, à faire tous leurs efforts pour entraîner dans leurs desseins le commandant du château, jurant de lui faire subir le même sort que ses hommes s'il s'y refusait. Le coup fait, on jetterait les morts par-dessus les murailles et l'un d'eux descendrait dans le bastion qui est devant le château pour en ouvrir les portes aux assaillants.

Après s'être entendus sur les dangers de

l'entreprise et la meilleure marche à suivre pour qu'elle fut couronnée de succès, les conjurés se donnèrent bien garde de ne pas s'occuper des profits qu'ils devaient en retirer. Et comme La Boullaye devait faire la plus grosse part des frais de l'expédition, il fut arrêté qu'on lui accorderait la moitié des revenus des droits de transit perçus par la forteresse. C'était bien un peu vendre la peau de l'ours avant de l'avoir tué, mais d'Aubigné ne doutait de rien, et la scène, ne l'oublions pas, devait se passer sur les rives de la Gironde.

Ces divers points bien arrêtés, d'Aubigné se dirige vers Saint-Jean, en laissant à son passage à Briou les trois compagnons qui descendent vers Blaye ; mais, en traversant Angoulême, Nivaudière tombe malade et y reste. Les deux autres, poursuivant leur chemin, gagnent Montendre; fatalité nouvelle ! un parti de protestants les surprend traversant la forêt, les fait prisonniers et les conduit à Pons, alors au pouvoir des religionnaires. Aussitôt qu'il l'apprend, d'Aubigné, auquel son projet tenait fort à cœur, s'empresse d'y venir et d'offrir 200 écus pour la rançon des deux prisonniers indispensables à la réussite de son coup de main ; mais le capitaine commandant à Montendre, en apprenant le service considérable qu'ils s'apprêtaient à rendre à la religion, s'empresse de les relâcher sans condition.

Tout cela n'avait pu se faire sans que

quelque chose ne transpirât dans la conversation de ces hommes et de d'Aubigné, soit à Pons, soit à Saint-Jean et à Montendre, qui n'est qu'à quelques lieues de Blaye. Aussi, Saint-Même, qui commandait à Saint-Jean, écrivit-il à d'Aubigné qu'il n'était plus d'avis de lui prêter des hommes pour faire jouer une mine éventée. De son côté, d'Aubigné, découragé par tant d'événements contraires et sachant bien qu'un secret bien gardé est la plus sûre des conditions du succès, hésitait à tenter l'aventure, quand une lettre, que Nivaudière, guéri de sa maladie et arrivé à Blaye, adressait à ses deux compagnons, le raffermit dans son dessein. En apprenant leur captivité, ce gentilhomme leur disait qu'il fallait qu'ils traitassent immédiatement de leur rançon, car Villiers, qui savait ce qu'ils valaient, était disposé à la payer ; que jamais, du reste, leur commune entreprise ne lui avait semblé si facile, seulement qu'il fallait la remettre à huit jours plus tard, en suivant, du reste, sans y rien changer, le plan qui avait été arrêté d'un commun accord.

Forts de cette lettre, Turtrie et Laleu renouvelèrent leurs instances auprès de d'Aubigné pour qu'il donnât suite à leur entreprise, lui promettant plus que jamais de s'y dévouer courageusement. En vain ce dernier leur représenta-t-il combien il était dangereux pour eux de rentrer dans une forteresse dont le gouverneur, averti par la clameur publique de leurs projets et de leur défection, pouvait, sur un simple soupçon, les garder prisonniers ; ils lui répondirent que de Villiers avait trop de confiance en eux pour ajouter foi à ces bruits, que, du reste, par amitié pour eux, il changerait de parti sans difficulté, et qu'enfin, d'une manière ou d'une autre, ils étaient certains de réussir.

Les gouverneurs de Pons et de Saint-Jean, qui d'abord ne voulaient donner aucun homme à d'Aubigué, se laissent fléchir par ces considérations, et, sur les instances de Berteauville, lui accordent une troupe de cavaliers qui ne pouvait pas être moindre de 5 à 600 hommes, qui, joints aux 120 cavaliers d'élite sous les ordres directs de d'Aubigné, devaient former une troupe d'un millier de soldats d'élite.

En prenant les devants et en quittant d'Aubigné, Turtric et Laleu le prièrent d'arrêter son petit corps d'armée, au jour et à l'heure indiqués, au moulin de la Garde-Rolland qui existe encore aujourd'hui sur un monticule assez élevé, à une lieue de Blaye et en face de la forteresse. (1)

(1) Le souvenir et le nom de Rolland est très répandu à Blaye comme dans beaucoup d'autres villes du Midi. Cela se comprend d'autant plus facilement que ce vaillant capitaine en était le gouverneur et que son corps et son fameux oliphant furent enterrés avec lui dans l'église de St-Romain. Jusqu'en 1846, on montrait aux étrangers, visitant la salle d'armes de la citadelle, une épée de dimensions gigantesques que l'homme le plus fort ne pouvait manier

Ce moulin était, en effet, un excellent point d'observation ; il domine tout le pays voisin, ainsi que la route qui conduisait et qui conduit encore de Saintes à Blaye, et rien n'empêchait de voir, de cet endroit, un signal donné du château. Or, les complices devaient avertir d'Aubigné que tout était prêt et marchait au gré de leurs espérances en attachant et faisant flotter un drap à une pique plantée droite au sommet des tours. Si, au contraire, quelque chose venait se mettre à la traverse, la pique serait tenue inclinée.

---

qu'à deux mains et qu'on appelait la Durandal de Roland. Cette arme curieuse fut, avec beaucoup d'autres très anciennes et de formes aussi compliquées que bizarres, transportée par ordre supérieur au musée de St-Thomas d'Aquin. Lui a-t-on gardé ce poétique et légendaire nom d'épée de Roland ? Nous chercherons à nous en assurer un de ces jours en revoyant cette lame immense qui nous faisait, enfant, rêver au géant qui seul la pouvait manier

II

Description de l'Ancien Blaye

C'est ici le moment de décrire quelle était, en 1580, la position respective du château et de la ville, car, depuis cette époque, l'agrandissement du premier par Vauban a exigé le sacrifice de la plus grande partie de la vieille ville et déplacé complètement l'assiette primitive de cette ancienne cité.

Malheureusement, les documents nécessaires nous font défaut. Les archives de la ville sont à peu près vides, et nous sommes trop loin pour interroger celles de la citadelle. A force de chercher cependant, nous avons fini par trouver à Paris, à la bibliothèque de l'Arsenal (salles des manuscrits et cartes), deux plans de Blaye, l'un gravé sur bois et qui est, à proprement parler, un dessin par Chastillon, privé malheureusement de toute légende explicative, mais datant de 1605, c'est-à-dire fait vingt-cinq ans après les événements que nous essayons de retracer ici. Le second plan a été dressé par M. Leroy de Paulin, pour servir, dit-il, au projet de 1752. Mais n'y-a t-il pas erreur de date et n'a-t-on pas voulu dire 1652, qui est bien la date de la transformation du château-fort en citadelle moderne par Vauban ? Quoi qu'il en soit, en les comparant l'un à l'autre, nous avons pu reconstituer et comprendre assez exactement, croyons-nous, la configuration et l'étendue de chacune de ces parties.

Disons tout d'abord qu'il en est une qui n'a guère subi de modifications dans les deux plans, c'est celle qui longe le littoral de la Gironde. De ce côté se voient toujours des rochers escarpés couronnés de murailles qui rendent l'escalade impossible.

On voit, sur le dessin de Chastillon, que, sur le fleuve, le vieux château était borné au nord par deux petites tours dont l'une, connue sous le nom de tour de l'Eguillette, existe encore décapitée et remonte évidemment à la plus haute antiquité. Un moulin à vent, dont on ne retrouve plus vestige aujourd'hui, était à sa droite. Il était naturellement chargé d'assurer, en cas de siége, l'approvisionnement en farine nécessaire à la garnison, et la même pensée prévoyante se retrouve pour les habitants du vieux Blaye proprement dit, car dans son enceinte on remarque un autre moulin dans le dessin dont nous parlons. Un véritable rempart crénelé, occupant l'emplacement de celui qui domine aujourd'hui le Cône, reliait l'Eguillette à la première tour du vieux château. Cela peut être regardé comme certain, car une partie de ce rempart est figuré comme éboulé dans son milieu sur la carte de Leroy de Paulin, et une fortification récemment faite ne se serait pas écroulée dans une étendue aussi considérable.

Les deux tours du vieux château très élevées, crénelées à leur sommet, dépassaient alors de beaucoup le niveau du rempart et dominaient au loin la plaine. Derrière elles, on aperçoit, dessinées, des maisons et des pointes de clocher qui ont été rasées depuis et qui devaient s'étendre, du pied des tours, jusqu'aux maisons du faubourg dit aujourd'hui de l'Hôpital. De nombreuses substructions, s'étendant de la poterne de la Porte-Royale à l'ancienne gendarmerie, le démontre suffisamment.

A droite et en avant des deux tours, en existait une troisième beaucoup plus considérable, formant aujourd'hui le fer à cheval, communiquant avec le château et en constituant une défense avancée. Plus en avant encore se trouvait un bastion, un fossé et la contrescarpe sur le bord de laquelle d'Aubigné avait promis de se trouver le 8 juillet, à six heures du soir.

La porte de sortie du château, qui ne

devait pas être commune à la ville et à la forteresse, s'ouvrait en face de la rue actuelle de l'Hôpital et était flanquée de deux tourelles au haut desquelles on voit, dans le dessin de Chastillon, deux guérites en ruine. Il ne reste aujourd'hui aucun vestige de ces tours.

Le château ainsi défendu à l'ouest, au nord et à l'est, l'était au sud par un mur d'enceinte, partant de son côté droit, passant par la ligne des bâtiments qui constituent aujourd'hui la caserne Royale, la place d'Armes, les forges, le magasin des affûts, la glacière et aboutissant à la rivière. De cette façon, la forteresse représentait assez exactement un long parallélogramme perpendiculaire au fleuve. Deux puits, creusés dans l'enceinte même du vieux château, assuraient à la garnison la quantité d'eau qui lui était nécessaire.

Entre la caserne de la Porte-Royale et la salle d'Armes s'élève encore aujourd'hui une maison très ancienne et d'où l'on découvre au loin toute la campagne environnante. Cette maison est supportée par une voûte énorme et solide, qu'on trouve désignée dans le plan de Leroy de Paulin, sous le nom de *Porte de l'ancien Blaye, au-dessus de laquelle loge l'intendant de M. le duc de Saint-Simon.* Ici encore, plus de doute, c'est bien là la porte qui faisait communiquer la ville et le château, et nous verrons tout à l'heure qu'elle joue un rôle important dans notre récit.

Au-devant de cette porte et du mur sud de circonvallation du château, on avait dû creuser, pour le mieux séparer de la ville, un fossé profond qui a été comblé du côté de la place d'Armes, pour en faire un parc où boulets et bombes sont symétriquement rangés aujourd'hui, mais qui ne l'a pas été à gauche de la Porte-Royale et derrière un vieux bâtiment qui constituait, en 1848, une petite caserne pour les canonniers vétérans ; le sol est, en effet, en contre-bas en cet endroit.

Telles étaient, je pense, les limites du château ou châtelet de Blaye. Voyons à présent ce qu'était la ville, la véritable Blavia des Romains et du Moyen-Age.

Ainsi que l'indique le dessin de Chastillon, la ville se divisait en ville haute proprement dite et en ville basse, comprenant les faubourgs, créés sans doute quand la ville était devenue trop étroite pour le nombre de ses habitants.

Comme beaucoup de villes anciennes dont les maisons se groupaient autour d'un château fort, pour demander à sa garnison ou au seigneur suzerain une protection qui n'était souvent qu'une lourde oppression, l'ancien Blaye s'était adossé à la forteresse ; mais trouvant dans la configuration naturelle de leur sol, formant une sorte d'ilot escarpé, de grandes facilités pour mettre leur cité à l'abri d'un coup de main, les Blayais l'avaient environnée d'un mur à créneaux, appuyé, d'espace en espace, par des tours rondes ou carrées, soit du côté des faubourgs, soit du côté du fleuve.

Au pied d'une de ces tours, dominant la rivière, était une porte donnant issue sur le fleuve; des escaliers permettaient de descendre sur la rive. Une autre tour, plus grande et plus avancée du côté du chenal, occupait l'emplacement où existe, sur le plan de Leroy, la batterie basse dite des Matelots.

Le mur crénelé de la ville devait s'étendre sur l'emplacement du second rempart actuel, celui qui est le plus élevé et qui fait face à la ville moderne. Il protége aujourd'hui une des poudrières et donne passage à la porte Dauphine. Ce rempart se continuait jusqu'au-delà de l'hôpital de siége actuel. Un large fossé régnait à ses pieds. Examinons rapidement ce que renfermait cette enceinte protectrice qui avait, depuis deux cents ans, subi bien des assauts.

Le Blaye ancien, c'est-à-dire tout l'espace intermédiaire au mur sud du château et à l'enceinte de la ville que nous venons de délimiter, n'était pas aussi élevé et n'offrait pas une pente aussi rapide vers la porte de communication qu'aujourd'hui. Pour égaliser le terrain et rendre le chemin moins abrupt, on a, en 1652, surtout dans le milieu du chemin, renversé les maisons, comblé et exhaussé le sol avec leurs débris, mais partout on y retrouve, en creusant quelques pieds, des caves, des puits, des escaliers, des pans de mur qui prouvent bien la rapidité avec laquelle la volonté toute puissante du roi Soleil fit démolir à cette époque deux cent quarante maisons et l'église Saint-Romain, elle-même renfermée dans l'enceinte de la vieille ville. Quelques-unes de ces maisons, cependant, ont été conservées; ainsi, je retrouve, désignées comme maisons de l'ancien Blaye, dans le plan de Leroy, le pâté de maisons où sont logés le commandant d'artillerie, le lieutenant de place et le garde d'artillerie, une autre vieille maison, située en face, qui, pendant longtemps, a servi de boulangerie et dans le jardin de laquelle on a découvert, en 1846, dans des lieux d'aisance. auprès de la prison et non loin du puits commun à la troupe,des poteries anciennes, des cornes de cerf, qui prouveraient que cet animal existait jadis dans un pays où aujourd'hui le lièvre est un animal phénoménal,diverses monnaies, une chaîne en argent avec un cachet armorié excessivement curieux. (1) La vieille maison du chirurgien doit encore dater d'avant 1652, ainsi que les logements actuels des portiers-consignes et quelques maisons voisines du corps-de-garde de la porte Dauphine. Il en est de même de l'église et du couvent des Minimes, mais elle n'existait pas en 1580 ; ce ne fut qu'en 1611 que Lussant d'Aubeterre y installa des religieux au nombre de quinze, et si on ne

(1) Si j'ai bonne souvenance, ces divers objets doivent être dans la possession de M. de Beaupoil Saint-Aulaire, à cette époque maire de Blaye.

les chassa pas sous Louis XIV, qui aimait assez à rester maître chez lui, ce fut à la condition qu'ils serviraient d'aumôniers et d'infirmiers à la garnison.

Je ne puis préciser où s'élevait l'église Saint-Romain, mais, dans le dessin de Chastillon, j'aperçois un clocher qui me ferait penser qu'elle était en dedans du mur d'enceinte, probablement à côté de l'hôpital de siége et sur l'emplacement actuel du bastion dit de Saint-Romain.

J'ai déjà dit que, dans ce plan, on voit deux moulins, l'un près de la tour de l'Eguillette, le second dans l'enceinte de la ville ; dans celui de M. Leroy, on en aperçoit deux aussi, mais ils sont à côté l'un de l'autre et le nouveau s'élève auprès de l'ancien moulin de la ville. Ils existent encore aujourd'hui ; celui de l'Eguillette fut démoli en 1652.

Enfin, avec la création de la citadelle, les deux tourelles flanquant la porte d'entrée du vieux château, le bastion qui les protégeait, le fossé, la contrescarpe ont été détruits et remplacés la demi-lune dite Royale par divers ouvrages en terre et le pont qui conduit de l'avancée à la Porte-Royale, au-dessus de laquelle on voit encore, quoique rongé par les injures du temps, l'emblême du soleil orgueilleux entouré de ses mille rayons.

Une lettre écrite par Bérard ou Bernard d'Albret (1), commandant de la ville et du

(1) Cette lettre, découverte dans les manuscrits de la

château de Blaye, en 1337, pour le compte du roi d'Angleterre, au sénéchal du duché d'Aquitaine, le sire Olivier de Ingham, et à son lieutenant Antoine Usemare, pour leur exposer les réparations urgentes à faire aux fortifications, nous fait connaître des détails trop précieux pour que nous n'en traduisions pas ici de nombreux passages. C'est le Blaye de ce temps-là, dépeint sur le vif en quelque sorte, par un témoin oculaire, et nous croyons qu'on lira avec quelque intérêt cette topographie locale de notre patrie au XIVme siècle.

D'Albret signale tout d'abord le mauvais état des portes qui sont toutes pourries, aussi bien les portes ordinaires que les portes à coulisse, c'est-à-dire les herses.

Le point qui lui paraît le plus menacé, c'est le côté du port ; il demande qu'on en refasse les fossés et qu'on élève les murs insuffisants en cet endroit.

D'après cette lettre, on voit que la ville communiquait avec les faubourgs par trois portes, l'une appelée par lui la grande porte ou Portal (1), la seconde dite de St-Romain, la troisième appelée porte de

---

bibliothèque nationale par un infatigable chercheur, M. Tamisey de Laroque, est insérée dans les archives historiques de la Gironde (T. IV).

(1) Cette lettre est écrite en langue romane ou languedocienne ; elle renferme, en outre, plusieurs mots d'origine italienne ou espagnole, que nous signalerons en passant. Notre mot *portail*, grande porte, porte d'entrée équivaut au portal de d'Albret.

St-Sauveur. Deux autres descendaient au moyen d'escaliers sur le rivage du fleuve et servaient sans doute à faciliter la surveillance et la sortie des gens chargés de toucher les droits du fisc.

Le commandant se plaint de ce que la grande porte n'est défendue ni par un pont ni par un fossé ; il demande qu'on y établisse un pont-levis et que les tours qui flanquent l'entrée du dit Portal soient agrandies.

Il demande que l'ouvrage le plus avancé des fortifications, qu'on appelle la barbacane, qui est percé de meurtrières et qui renferme des hostals (1) pour la garnison, soit garni de parapets (*bertrescas* (2) et d'épaulements, en un mot, des abris nécessaires. Quant aux hostals qui tombent en ruine, il faut absolument les relever.

Il fait les mêmes demandes pour la porte de Saint-Romain; le fossé de la barbacane qui la défend n'est pas *acabat* (3) (achevé). Il demande qu'on l'approfondisse et qu'on le finisse, et qu'on fasse une tranchée plus profonde que celle qui existe au-devant des ouvrages s'étendant depuis la porte St-Romain jusqu'à celle du château.

---

(1) *Hostals*, de l'espagnol *hosteria*, hôtellerie ou plutôt logement commun ; de là, notre mot hôtel.

(2) De l'italien *bertescas*, parapet ; les français guerroyaient si souvent alors en Italie, que, de retour dans leur pays, ils employaient fréquemment des mots italiens.

(3) De l'espagnol *acabar*, achever, terminer.

Il existait un autre ouvrage avancé qu était ou avait été le logement particulier d'un sieur P. Focher (1), et où débouchait sans doute la porte de St-Sauveur, murée en ce moment-là. D'Albret demande qu'on l'ouvre tout-à-fait, qu'on y mette un pont-levis et que par-dessous on fasse passer un cours d'eau, un *aguasset* (2); qu'on y place une herse, qu'on relève les créneaux et que les portes de ces diverses ouvertures soient munies de bonnes ferrures et de *fustas*, c'est-à-dire de bois de traverse (3).

Il signale encore le mauvais état du mur qui, de la barbacane de P. Focher, s'étend à la mer; d'abord, il est à moitié écroulé (*trenquat* (4), puis les créneaux sont en grande partie abîmés (*garagnadas* (5); il désire qu'une porte qui y existe soit complétement murée.

---

(1) Quel était ce personnage, important à coup sûr? Est-ce l'abbé désigné dans la *Galléa christiana* sous le nom de Pierre III, nommé abbé de Saint-Romain en 1307 et qui mourut en 1358? Est-ce un maire ou un jurat de Blaye?

(2) *Aguasset*, n'est-ce pas l'origine du mot Blayais, un guassot ou un gassot. flaque d'eau. En saintongeais, on dit un gassouil et on se sert encore du verbe *gassouiller*, s'amuser à tripoter dans l'eau.

(3) *Fusta*, du latin fustis, gros morceau de bois; par extension, *fût*, synonyme de tonneau, fût plein, fût vide. On se sert encore à Blaye du mot *fuste* pour désigner des branches d'arbres équarries, mais non fendues, qu'on enfonce aux pieds de la vigne pour la soutenir.

(4) De l'espagnol *trincar* brisé, cassé. Voir Brantome, des capitaines illustres. Vie de Matignon.

(5) *Garagner*, blayais et saintongeais, abîmer, gâter.

Et comme il trouve que c'est trop de deux portes pour donner accès au rivage, il prie qu'on supprime celle qui est le plus près du château ; quant à l'autre, celle qu'on retrouve sur le plan de Chastillon, il faut la protéger par un fossé plein d'eau, qui en fera tout le tour et qui communiquera avec le fleuve.

Les portes de Saint-Sauveur et de Saint-Romain restant constamment ouvertes jour et nuit, faute de chaînes pour les pouvoir relever ou abaisser, il demande qu'on les en munisse afin de se garder contre une surprise.

Il demande encore que le rempart s'étendant de la porte Saint-Romain jusqu'à celle du château et qui n'étant fait qu'avec de la terre argileuse (*fangua* (1) s'écroule de tous côtés, soit construit solidement avec de la chaux et du sable et soit également défendu par un cours d'eau baignant ses pieds.

On voit que comme moyen de défense de la place mise sous son commandement, d'Albret se préoccupe toujours d'avoir des fossés en bon état et remplis d'eau ; aussi, pour s'assurer qu'elle ne manquera nulle part, il en indique la prise du côté du fleuve et du côté de l'Estaing, petite ri-

(1) *Fangua*, de l'italien et de l'espagnol *fango*, en français, fange. Le blayais et le saintongeais désignent sous le nom de *fagne* un mélange d'argile ou de boue avec de l'eau. De là l'adjectif *fagnoux*.... *La terre est fagnouse à neut.*

vière qui coule au bas des collines sur lesquelles sont bâties les maisons du faubourg de l'Hôpital et de la rue des Maçons. Il la désigne sous le nom de l'*estéro* du moulin de Saint-Romain (1). Il y avait donc au bas des Cônes, à l'endroit où est aujourd'hui l'étang de l'Estaing ou plus bas, à l'extrémité de l'allée des Soupirs, un moulin à eau. D'Albret veut qu'on utilise ce cours d'eau, qu'on fasse à son lit un barrage et qu'une tranchée en amène l'eau dans les fossés entourant toutes ces fortifications. Du côté du fleuve, il demande qu'on construise un bon mur de deux pieds et demi d'épaisseur et de cinq de hauteur tout le long du rocher, afin de pouvoir mettre à l'abri les défenseurs de la place et empêcher celle-ci d'être prise.

Quant au château, il désire que les fossés en soient refaits, les murs cimentés à nouveau, les créneaux réparés, la salle neuve refaite (on voit encore les restes de cette salle et de sa voûte ogivale dans le vieux castel).

---

(1) Le mot blayais, *estain* ou *estaing* est évidemment un dérivé de l'espagnol *estero*, ruisseau, petite rivière. On a dû dire successivement *ester*, *estair*, *estain*. J'ignore l'orthographe réelle de ce mot dans les actes publics. Peut-être des appréciations plus sévères le feraient-ils tout simplement venir du mot latin *stagnum* ou du francais étang, qui s'écrivait jadis estang. La lettre de d'Albret me fait cependant préférer la première opinion.

De nos jours, le mot *estey* ou *esteye* est encore très employé dans le Bordelais et le Médoc pour désigner un étang ou un cours d'eau.

Il rappelle que le plafond des tours (cubiertas (1) a besoin d'être réparé et qu'il est utile d'y mettre des guérites et des échauguettes (atilhador (2).

Il fait du reste un triste tableau des ressources en armes et en munitions du château où il n'y a pas une seule espingole en bon état (adobada (3) et des arbalètes pour la défense des tours qui occasionneraient plus de blessures à ceux qui s'en serviraient qu'à l'ennemi.

Nous devons remarquer en passant que cette lettre donne la preuve qu'on se servait à cette époque d'armes à feu portatives ; leur usage a donc précédé de quelques années l'emploi de l'artillerie, que nous voyons jouer un rôle sanglant, pour la première fois, à la bataille de Crécy, livrée, le 26 août 1346, par Philippe de Valois à Edouard III, roi d'Angleterre. — Un historien de cette époque, Villani, nous dit que le roi d'Angleterre avait établi sur des hauteurs et au milieu des fameux arbalétriers anglais « des bombardes qui, avec du feu, lançaient de petites balles de fer pour

(1) *Cubiertas*, mot espagnol. En français, couverture, voûte.

(2) Du mot espagnol *atisbador*, celui qui guette.

(3) Du mot espagnol *adobar*, accommoder, arranger. En blayais et en saintongeais, *adouber* se dit surtout pour la préparation d'un plat, d'une sauce. Notre mot français *daube*, doit venir de là. On sait qu'il faut un certain talent culinaire pour préparer une bonne daube.

effrayer et détruire les chevaux ; les coups de ces bombardes causèrent tant de tremblement et de bruit qu'il semblait que Dieu tonnait avec grand massacre de gens et renversement de chevaux. »

Enfin, le sieur d'Albret, commandant de Blaye pour le compte du roi d'Angleterre, n'oublie pas, en terminant sa lettre, de demander que les biens des rebelles lui soient attribués ainsi qu'aux soldats composant la garnison, afin qu'ils puissent vivre à Blaye et s'y maintenir solidement.

Le sénéchal d'Aquitaine accueillit favorablement sa demande et donna ordre à son lieutenant de faire toutes les réparations demandées précédemment, ce qui nous permet de nous représenter assez fidèlement ce qu'était Blaye au XIVe et au XVe siècles.

Si nous nous sommes bien fait comprendre et si nous avons réussi à jeter quelque jour sur une question aride et obscure, qui, je le reconnais, ne saurait être résolue par mes seules recherches, tandis qu'un examen des cartes et plans en dépôt aux archives du génie de la citadelle éclairerait bien mieux ces difficultés, j'en ai assezdit, cependant, pour qu'on se fasse une idée assez nette de la position réciproque de la ville et du château qui la dominait. Passons maintenant à l'examen des faubourgs.

Nous avons parlé plus haut de celui de l'Hôpital. C'était le plus ancien de tous, car il bordait le grand chemin de communication de Blaye avec Saintes. C'était l'extrémité de l'ancienne voie romaine qui reliait ces deux villes. Et c'est par là que nous verrons arriver, pour surprendre Blaye, d'Aubigné et ses compagnons.

Mais, entre le mur crénelé défendant la ville du côté sud et la petite rivière de l'Estaing qui aboutit au chenal et au petit port vaseux de Blaye, restait un large intervalle de terrains où s'élevait la grande partie de la basse ville, appelée alors les faubourgs.

On voit, en effet, dans le dessin de Chastillon, une première rangée de maisons longeant parallèlement le mur d'enceinte de la vieille ville, c'est-à-dire occupant l'emplacement du second rempart actuel, une rue, puis une seconde rangée de maisons, remplacées aujourd'hui par la demi-lune de la porte Dauphine, enfin plus bas, une troisième ligne de maisons, le long de la rive droite du chenal et de l'Estaing, dont quelques-unes s'élèvent sur le rivage même de la Gironde. Cette dernière rangée occupe ce qu'on appelle aujourd'hui les Glacis. En s'éloignant du fleuve, on voit un pont jeté sur l'Estaing; un autre ruisseau, venant du pied des hauteurs du Monteil et de Sainte-Luce, s'y déverse et un pont y est dessiné, vraisemblablement celui qu'on appelle aujourd'hui le pont de Cailloux.

En remontant toujours, du côté droit de

l'Estaing et au pied de la contrescarpe, on aperçoit encore d'autres maisons disparues, qui devaient occuper le bas de ces remparts de terre, qu'on appelle pittoresquement, à Blaye, les Massirotes, tandis qu'à gauche on distingue parfaitement la rue dite aujourd'hui de Saint-Romain, conduisant à l'église ou abbaye de Saint-Sauveur et au cimetière qui en dépendait, dont on a fait, en 1842 ou 43, le marché actuel de la ville. Blaye renfermait, dès 1580, deux paroisses, l'une intérieure : celle de Saint-Romain, l'autre extérieure : celle de Saint-Sauveur. Peut-être existait-il, en outre, une chapelle dans le faubourg de l'Hôpital. La rue des Maçons, la rue des Nollettes, la rue du Rat, existaient-elles alors comme modestes faubourgs ? Je ne le saurais dire ; du reste, ce n'est pas ici le moment de traiter cette question, que nous examinerons plus tard.

Ces explications, ces recherches auront probablement paru un peu longues et, sans aucun doute, très arides à nos lecteurs. Mais d'abord elles peuvent provoquer quelques critiques, quelques documents nouveaux qui éclairciront peut-être ces questions d'une histoire locale bien obscure ; puis, elles étaient nécessaires pour se faire une idée bien nette des moyens de résistance que Blaye opposa de tout temps à ses envahisseurs. Enfin, en montrant la situation en étages successifs des faubourg de la vieille ville et du château, ce qu permettait aux habitants délogés des faubourgs de se réfugier au besoin dans l'enceinte de la ville et de là dans le château, en exposant son étendue considérable, sa position heureuse sur un rocher escarpé de toutes parts, la puissance de ses fortifications, on comprendra mieux l'importance du rôle que Blaye a rempli dans l'histoire de la Guienne et de la Saintonge et le prix extrême qu'on attacha de tout temps à sa possession.

III

Reprenons maintenant le récit de l'expédition de d'Aubigué.

Afin de donner le moins possible l'éveil sur les mouvements de sa troupe, le chef huguenot la fit marcher toute la nuit et, arrivé à Croupignac (petit hameau situé au milieu des landes), il la fait reposer et rafraîchir pendant la chaleur du jour. Puis il repart de manière à arriver au moulin de la Garde-à-Rolland vers les six heures. Mais c'est en vain que ses yeux interrogent l'horizon du côté de Blaye pour apercevoir le signal convenu qui devait être arboré au haut d'une des tours : un épais brouillard l'empêche de rien distinguer. Aussi, plusieurs de ses officiers sont-ils d'avis de rebrousser chemin, disant qu'il était insensé de continuer plus longtemps une entreprise avortée et d'exposer la vie de tant de soldats sur la simple promesse de trois personnages qui, après tout, pouvaient tout aussi bien trahir aujourd'hui les protestants qu'ils avaient promis de servir et d'aider, que les catholiques, leurs anciens chefs, qu'ils avaient, la veille, juré de défendre jusqu'à la mort.

Mais d'Aubigné, engagé par sa parole, décida, sans s'arrêter plus longtemps à ces funestes présages, de pousser plus avant. On s'approche donc de la ville et on rencontre une troupe de trente ou quarante personnes, composée de laquais, de messagers et d'écoliers, qui venaient de débarquer d'un bateau dans un des faubourgs de la ville. D'Aubigné les arrête et leur demande s'ils ne s'étaient aperçu d'aucun bruit, d'aucun trouble ni de quelque préparatif en traversant la ville ; ce à quoi ces gens répondent que non. Leur réponse rassure un peu d'Aubigné, tandis qu'elle paraît suspecte à ses compagnons, ne marchant qu'à contre cœur, malgré tous les encouragements de leur chef.

Et ils avaient raison ; ces laquais, ces messagers, ces écoliers, venant sans doute de la classe de la ville et, rejoignant les maisons de leurs parents, éparses dans la campagne voisine, car il est difficile d'expliquer autrement ce mot « écoliers » (il n'y a jamais eu d'autres écoles à Blaye jusqu'en 1846, où on fonda, et Dieu sait avec quelle peine ! un collége communal), tous ces gens-là, dis-je, n'avaient point dit vrai, car, en ville, chacun était sur le qui-vive depuis le matin et se préparait à bien recevoir l'ennemi.

Voici, en effet, ce qui s'était passé. Le bruit s'était répandu en ville que Turtrie et Laleu avaient été renvoyés de Pons, sans qu'on exigeât d'eux une rançon ; générosité si peu habituelle à cette époque, où on tirait le plus d'argent possible des hommes et des choses, qu'elle ne manqua pas d'exciter des soupçons ; d'autre part, les deux soldats (on sait que la discrétion n'est pas la vertu dominante des militaires en campagne, surtout quand il fait chaud et que le vin délie la langue) s'étaient vantés de droite et de gauche qu'ils allaient faire un coup dont il serait parlé. Puis, ces allées et venues de troupes, plus fréquentes qu'à l'habitude, avaient été remarquées. Enfin, quelques gens de Croupignac n'avaient pas manqué (la peur du danger donne des ailes pour communiquer les mauvaises nouvelles) d'accourir avertir leurs compatriotes de la ville en même temps que M. de Villiers. Mais ce dernier, plein de confiance dans la loyauté de ses soldats et ne sachant pas lire du reste, en sa qualité de bon gentilhomme, donnait à Turtrie les billets qu'il recevait de tous les côtés sans tenir le moindre compte de ces avertissements réitérés.

Cependant, les gens de Blaye, ne partageaient point la sécurité de ceux du château. Etonnés qu'après des avis si réitérés, on ne fit aucun préparatif de défense, ils s'y rendirent le 8 juillet, vers les neuf heures du matin, et conjurèrent le gouverneur de redoubler de vigilance, ajoutant que, pour eux, ils étaient tous bien armés et résolus à se défendre jusqu'à la dernière extrémité.

Pourquoi cette virile résolution chez une population bien plus commerçante que guerrière ? C'est que les Blayais se souvenaient que quelques années auparavant, après la révocation des édits faits en faveur des huguenots, l'amiral de Coligny et le prince de Condé, soulevés contre l'autorité royale, s'étaient, eux et leurs lieutenants, signalés par des cruautés inouïes autant que par leurs victoires dans les pays voisins.

Voici en effet, ce qui s'était passé à quelques lieues de Blaye en 1568. Boucard et le sieur de Piles avaient reçu de l'amiral la mission de faire entrer dans leurs rangs, par persuasion ou par force, le sire Antoine de Pons, qui refusa nettement d'entrer en rébellion contre l'autorité royale. Les deux chefs protestants s'empressèrent alors de venir l'assiéger dans sa riche châtellenie, espérant y trouver un immense butin ; mais les gens de Pons, fort attachés à leur seigneur, se défendirent énergiquement. Il fallut faire le siége en règle de la place, employer l'artillerie qui finit par faire une large brèche à l'enceinte extérieure de la ville. Ce fut en vain que les assiégés la comblèrent avec des fascines et des fagots arrosés avec de la poix et y mirent le feu au moment de l'assaut; après une lutte héroïque, l'enceinte fut forcée et soldats et bourgeois impitoyablement égorgés par les vainqueurs. Leur crime avait été de s'être courageusement battus pour leur seigneur, leur roi et leur religion !

Quelques jours après, le sire de Pons, qui s'était, avec un grand nombre de ses soldats, renfermé dans son donjon, fut contraint de capituler aussi, faute de vivres et de munitions. Il avait espéré de ses adversaires des conditions honorables ! Vain espoir, il vit massacrer sous les coups d'une soldatesque ivre de son succès quatre cents de ses soldats et un de ses meilleurs capitaines Blanchereau, que ses exploits dans nos guerres lointaines et une vie consacrée tout entière à servir son pays, aurait dû préserver d'un sort funeste, fut précipité dans un puits; exemple entre mille, des cruautés auxquelles donnaient lieu ces guerres entre concitoyens, entre frères, où chaque parti semblait lutter à qui se déshonorerait le plus par un raffinement de supplices inouïs, qu'on eût rougi d'ordonner dans un combat à l'étranger contre un ennemi vaincu et terrassé !

Il ne m'est point permis, en racontant un des nombreux épisodes d'une guerre qui sema pendant tant d'années la dévastation dans notre pays, d'entrer dans des détails approfondis sur les causes qui imprimèrent bientôt à ces luttes un cachet d'atrocité inouïe. Nous chercherons cependant à faire comprendre comment peu à peu, animés par des passions sauvages, des concitoyens arrivèrent à s'entretuer avec ce féroce acharnement.

Depuis longtemps un relâchement dans les règles, jadis austères des couvents, le défaut de surveillance de la part des chefs, la quasi-indépendance du clergé vis-à-vis de ses supérieurs, le trafic des indulgences pratiqué ouvertement, enfin, l'élévation sur le trône pontifical de prélats guerriers, politiques ou thésauriseurs, oubliant trop que le Christ avait conquis le monde païen en lui donnant le spectacle de ces vertus inconnues jusqu'à lui : la chasteté, le pardon des offenses et la pauvreté, faisaient sentir à tous les cœurs d'élite la nécessité de réformes religieuses. Cette sorte de fièvre, qui agite toujours les populations aux approches d'un grand événement social, tourmentait à la fois l'Allemagne, la Suisse, la France et l'Angleterre. L'usage de l'imprimerie, récemment découverte, favorisait l'apparition de controverses passionnées et interminables ; les attaques surgissaient de toutes parts contre le vieil édifice catholique. Tout ce qui savait manier une plume, la saisissait pour défendre ses croyances, et on s'arrachait chaque jour avec avidité ces feuilles où la parole ardente faisait déjà appel aux haines irréconciliables. Mais il est des maux nécessaires !... Il faut, de temps en temps, dans la vie des peuples comme dans l'exercice de la religion,de ces avertissements salutaires, de ces attaques soudaines qui secouent aux jours d'orage les pasteurs des âmes,les chefs des nations et les nations elles-mêmes afin de les arracher à cette douce quiétude, à cette tranquillité pleine de charmes où l'on s'endort trop volontiers ! En perdant de son austérité et de sa simplicité des temps antiques, l'Eglise avait,au XVIe siècle,perdu aussi de son autorité sur les fidèles et de sa dignité. Donnant prise à la critique, elle rendit faciles et rapides les progrès du protestantisme ; mais quand elle se réveilla retrempée, purifiée, débarrassée de ce qui la ternissait quelque temps auparavant, elle eût le tort de croire que les persécutions, les décrets d'exil, les flammes des bûchers allaient détruire cette religion nouvelle qui séduisait les esprits (je ne dis pas les âmes) en inscrivant sur son drapeau ces libertés si chères au cœur de l'homme « liberté de penser, liberté de croire, liberté d'examen. » Ce fut là la grande faute du catholicisme. Le bannissement, les outrages, les insultes prodiguées à ces réunions d'hommes, de femmes et de vieillards, forcés, pour célébrer leur culte et chanter leurs psaumes, à se réfugier dans les profondeurs des forêts ou sous les voûtes des cavernes ignorées, ne servirent qu'à exalter les persécutés, et leur sang répandu par l'épée ou leurs corps suspendus aux gibets qu'à enfanter de nouveaux martyrs et animer leurs bourreaux. Mais bientôt cette foule proscrite et lassée se souvint qu'elle avait des armes, des chefs intelligents et, faisant passer avec raison ce droit sacré, la liberté de conscience, avant les édits des parlements, avant la colère des rois, avant la grandeur de la patrie elle-même, elle repoussa la force par la force. Puis un jour qu'ils se sentirent les plus faibles, les religionnaires eurent la coupable pensée d'appeler dans leurs rangs, ces reîtres allemands, protestants comme eux,ne rêvant sur le sol étranger qu'ils foulaient que pillage, vol, excès de tous genres, et, entraînés par ce funeste exemple, ils dépassèrent bientôt en atrocités les catholiques eux-mêmes.

Alors, ce ne fut pas seulement contre leurs adversaires armés que les réformés déployèrent un acharnement féroce ; ils exercèrent encore leur fureur sur la population innocente. Les femmes, les enfants et les vieillards,les monuments eux-mêmes, les cathédrales, les églises, les couvents, les archives, les manuscrits, tout était impitoyablement saccagé, brûlé, pillé, tant il est vrai que chez l'homme les instincts sauvages et le plaisir de détruire existent toujours, à demi domptés par les lois ou la morale. Tant il est vrai aussi que le réveil de chaque liberté est toujours précédé chez nous d'une aurore sanglante. Ici, la liberté religieuse n'allait être conquise qu'après l'effusion de torrents de sang, comme le devait être deux cents ans plus tard la conquête de nos libertés politiques. Excès funestes, tristes accompagnements, hélas, trop fréquents, de toutes nos révolutions ! Si encore on s'arrêtait le but atteint ! mais non... on continue la lutte, comme s'il était impossible à notre caractère français, enthousiaste du beau en toutes choses, de se reposer pour jouir en paix des conquêtes pour lesquelles il a soupiré et combattu depuis des siècles et les consolider sans les souiller de sang et de honte !..... Mais il est dans notre destinée (ces dates sinistres de 1568 — guerres de religion — de 1792, de 1848, de 1871, ne le prouvent que trop) de dépasser toujours le but et de déshonorer la victoire, soit par des actes de barbarie sur d'innocentes victimes dont la perte ou le déshonneur laissent dans le cœur des survivants d'implacables rancunes, soit en mutilant ou en détruisant, la torche à la main, dans un moment d'exaltation, des monuments, des palais, des archives dont la science regrettera éternellement la perte !

Le sac de Pons, à quelques lieux de Blaye, n'était pas le seul exemple des cruautés que ses habitants avaient à redouter, si leur ville était prise. De Pons, Boucard et de Piles, s'étaient dirigés sur Saint-Jean-d'Angély, resté, pour ainsi dire, sans défense et avaient imposé une contribution extraordinaire aux bourgeois catholiques. Leurs maisons avaient été occupées, leurs femmes et leurs filles livrées aux outrages des vainqueurs, le maire et les échevins chassés de la ville, les bénédictins, les cordeliers et les jacobins, mis en prison et les prêtres massacrés. L'un d'entre eux, nommé Arnaud, signalé à la vengeance des vainqueurs par son énergique résistance, fut promené la corde au cou dans les rues de la ville, puis étendu sur un lit épais de poudre à laquelle on mit le feu. Il expira après des souffrances horribles, mais sa mort ne désarma point ses bourreaux ; son cadavre, jeté dans les fossés du château, aux applaudissements d'une soldatesque bête et féroce, devint la pâture des plus vils animaux. (1) Tant il est vrai que, dans l'horreur du carnage, l'homme s'enivre de l'odeur du sang comme de celle de la poudre et qu'alors, hors de lui, comme en délire, il prend un plaisir sauvage à se souiller de crimes odieux, dont il rougira et qu'il pleurera au réveil sans pouvoir rendre ou ranimer ce bien si fragile qu'on appelle la vie qui nous vient de Dieu et que Dieu seul nous devrait ravir !

De Piles et Boucard, après avoir laissé dans Saint-Jean-d'Angély une garnison chargée d'en relever les fortifications, se dirigèrent en toute hâte vers Blaye, dont la trahison,

---

(1) Guillonet Merville. *Recherches sur Saint-Jean-d'Angély*, p. 307.

nous l'avons dit plus haut, leur livra les portes. Ils y signalèrent leur passage par les mêmes excès et, pendant trois jours, on brûla les archives, on massacra les prêtres et bon nombre d'habitants ; puis, après l'avoir ravitaillée en hommes et en munitions, de Piles courut s'emparer de Bourg, où il renouvela les mêmes violences, pour delà traverser la Gironde et aller rejoindre, en Guienne, l'amiral et le Prince. (1) Le souvenir de toutes ces cruautés ne pouvaient s'effacer de sitôt dans des têtes méridionales et fermement catholiques ; aussi les Blayais, après s'être débarassés quelques années plus tard du joug des réformés, étaient-ils, aujourd'hui que le même danger les menaçait encore. décidés à succomber plutôt que de le subir de nouveau.

Au Moyen-Age et sous la domination anglaise, la ville de Blaye jouissait, comme la plupart des villes d'Aquitaine, de priviléges considérables et avait ses jurats et son maire élus par les habitants. En rentrant sous la domination française, ces prérogatives avaient été abolies, mais dans ces temps de troubles et de guerres civiles, les villes étant pour ainsi dire livrées à elles-mêmes, par suite de l'affaiblissement du pouvoir royal et du manque de commumunications, les habitants avaient eu se

(1) Archives historiques d'Aunis et Saintonge, T. I — Livre 5. — Chap. 5.

réunissant rétabli ces dignités de maire et de jurats.

Ne voit-on pas à la même époque, les jurats de Bordeaux diriger la résistance de la ville contre les armées de Coligny et du prince de Condé, lever un corps de troupes de 10,000 hommes, voter des subsides pour les entretenir et refuser même de remettre les clefs de la ville à Tilladet, nommé gouverneur de Bordeaux, par le parlement, à l'instigation de Montluc, désireux de concentrer le pouvoir et la direction de la résistance dans une seule main.

Il en avait été de même pour Blaye, et avec d'autant plus de raison que c'était une ville fortifiée, dont les portes se devaient fermer tous les soirs, qu'elle devait avoir une garnison formée parmi ses habitants et des sentinelles veillant jour et nuit sur les remparts dans ces temps de surprise et d'attaques soudaines. En voyant avec quelle vigueur et quel ensemble les habitants agissent aussitôt que le danger qui les menace est connu et les mesures sages et prévoyantes qu'ils prennent immédiatement, *on comprend qu'ils devaient avoir à leur tête* une autorité éclairée pour les conseiller, les animer et les diriger !

C'est ainsi qu'aussitôt le renvoi de leur députation auprès de M. de Villiers, nous voyons les Blayais, ne comptant plus sur la protection du château, dégarni du reste de troupes suffisantes, envoyer des messagers de tous les côtés, à Bourg, au Médoc et dans toutes les campagnes voisines, pour signaler le danger et solliciter des secours contre l'ennemi commun. En attendant, ils préparent leurs armes et rassemblent, de tous côtés, les matériaux propres à construire des barricades dans les faubourgs par lesquels devait arriver l'ennemi.

L'histoire nous a transmis les noms de ces magistrats zélés et courageux qui, au moment du péril, et sans perdre un instant, organisèrent la défense de leur cité, doublement menacée du côté du château et du côté extérieur, et nous sommes heureux de pouvoir citer ici trois cents ans plus tard, les noms du maire M. Dubois et des jurats Lesnier et Valleau ; les annales de Blaye doivent considérer comme un pieux devoir de les arracher à l'oubli des âges futurs !

Pendant ce temps, que se passait-il au château ? Après avoir renvoyé à neuf heures du matin la députation de la ville, Villiers vint se reposer sur son lit, où Turtrie, se plaçant à son côté, lui rappela, en causant, leur ancien projet d'entrer ensemble au service du roi de Navarre. Villiers, raconte d'Aubigné, n'eût pas plutôt répondu qu'il était en ce moment fort éloigné de ce dessein, que son camarade le perça de quatre coups de poignard. En même temps, Nivaudière et Laleu en font autant à trois des soldats qui étaient à la porte. Il n'en restait plus que trois dans le châtelet ; ils laissèrent la vie à l'un d'eux qui était de leur connaissance et qui leur jura fidélité et jetèrent les deux autres en prison. Cela fait, nos trois conjurés attendent l'arrivée de d'Aubigné sur la contre-escarpe, après avoir planté le signal convenu sur le sommet d'une des grandes tours.

De leur côté, les Blayais, avertis de nouveau par des gens accourus en toute hâte de Croupignac pour leur annoncer l'arrivée de la troupe protestante, viennent une seconde fois frapper à la porte du château vers les midi et demandent à y rentrer ; mais on leur fait répondre par le soldat nouvellement gagné que la poterne ne leur serait point ouverte, qu'on savait bien que s'ils voulaient entrer au châtelet, ce n'était que pour s'en emparer et le remettre aux mains de Lansac, chef catholique qui commandait à Bordeaux, et, qu'en conséquence, on ne leur ouvrirait point !

Comprenant alors, que par la trahison des gens du château, non-seulement ils n'avaient pas à attendre de secours de ce côté, mais qu'ils avaient à craindre d'être pris entre deux feux aussitôt que les protestants allaient arriver, les Blayais prennent une courageuse résolution, celle de s'emparer du château lui-même en y pénétrant par la force. Ils avaient quelques heures devant eux avant que les réformés ne fussent rendus ; ils les mettent à profit pour charger plusieurs charettes de bois et de paille qu'ils conduisent auprès de la vieille porte et ils y mettent le feu afin de brûler le pont-levis et pouvoir pénétrer dans la forteresse ; mais les trois compagnons et le quatrième soldat, qui faisait son devoir en apparence, tirèrent sur eux et les forcèrent à s'éloigner.

Cependant, ayant, vers les cinq heures, reçu des renforts et des secours de Bourg, de Saint-Audrony, de Vitrezay et du Médoc, ils se préparaient à un plus grand effort, quand l'annonce de la marche des protestants et la crainte que les faubourgs de la ville, laissés sans défense, ne fussent pillés par l'ennemi, leur firent abandonner le château pour aller élever des barricades dans les faubourgs.

Toute la population dut s'y employer, puisque, d'après le récit de d'Aubigné, ils n'eurent qu'une heure pour y travailler et que, cependant, dans ce court espace de temps, on en construisit trois.

Où furent-elles élevées ? Suivant toute probabilité, ce fut dans la rue appelée aujourd'hui rue de l'hôpital, c'est-à-dire sur le chemin que devait suivre d'Aubigné pour pénétrer dans la forteresse. Cependant, les protestants auraient pu déboucher également par la route venant de Ferdignac à Blaye et il est probable, comme je le dirai plus loin, qu'on en édifia une de ce côté ; mais les forces principales des gens de Blaye, devaient être groupées au premier endroit, pour barrer le passage à d'Aubigné et l'empêcher d'arriver au château. C'était là l'essentiel, puisque, une fois rendu près du bastion, ses intelligences devaient lui en ouvrir la porte et que devenu maître du châtelet qui dominait de tous côtés la ville, celle-ci devait forcément tomber en son pouvoir.

Nous n'avons plus maintenant qu'à suivre le récit du chroniqueur protestant dans son histoire universelle (1).

Vers six heures, la cavalerie arriva en vue du faubourg ; mais, en voyant son entrée barricadée, chacun, désappointé, accabla de reproches d'Aubigné en lui disant que son ambition l'aveuglait au point d'exposer tant de gens de bien à périr inutilement. D'Aubigné, pour éclairer la situation, les laissa un instant pour essayer de s'emparer de quelqu'un par lequel il apprendrait la vérité, et voyant une troupe de sept soldats catholiques s'avancer dans un chemin, il sauta un fossé que bien peu de chevaux eussent osé franchir, pour s'emparer de l'un d'eux. Mais ce fut en vain qu'il chercha à en tirer quelque lumière. Ce brave soldat ne voulut point se laisser entraîner vers le gros de la troupe protestante, aimant mieux, dit d'Aubigné, demeurer sur la place, c'est-à-dire se laisser tuer par lui plutôt que de trahir les siens. Honneur à ce Blayais, précurseur du chevalier d'Assas !

Pendant cet intervalle, les chefs de la troupe tinrent conseil et se disant avec

(1). Hist. univ. T. II, p. 357 et suivantes.

quelque apparence de raison que si le château était réellement tombé au pouvoir des conjurés, les gens de la ville, inquiets de ce côté, ne se seraient point occupés à construire des barricades, ils résolurent de se retirer, et Berteauville fut dépêché vers d'Aubigné pour l'en informer. Alors lui, se tournant vers sa compagnie et quelques gentilshommes, prononça ces paroles : « Que ceux qui sont venus ici pour l'amour de moi, fassent comme moi ; il faut que ma vie aille quérir ma foi où elle est engagée. » Ayant ainsi parlé, il mit pied à terre et nombre de ses compagnons suivirent son exemple pour l'accompagner. Se voyant alors à la tête d'un petit nombre de soldats, il se contenta de dire qu'on fit marcher son équipage sans faire emporter par ses hommes les deux échelles qu'il avait fait conduire jusque-là et qu'on laissa sur place, car on n'espérait plus pouvoir pénétrer dans la place. On pensait qu'on allait piller les faubourgs, et d'Aubigné ne voulait s'avancer qu'afin de ne pas manquer à sa parole et au rendez-vous donnés.

De son côté, Berteauville, voyant que d'Aubigné allait avec sa troupe attaquer les barricades, accourut se mettre à la disposition de son ami avec les deux Boisrond, tous en pourpoint et à cheval. D'Aubigné les engagea à attaquer les premiers, à cheval, la barricade et de s'en retourner aussitôt, après avoir essuyé le premier feu de ceux qui la défendaient. D'Aubigné et ses gens de pied les suivraient de près pour continuer l'attaque sans laisser aux catholiques le temps de recharger leurs armes. C'est du moins ainsi que j'interprète et explique l'ordre du capitaine huguenot qui semble au premier abord étrange. Une attaque de cavalerie trouble toujours des fantassins inexpérimentés, on vise à la hâte et mal ; souvent même pas du tout. Les cavaliers s'élancèrent, en effet, et n'eurent que deux hommes de tués et les capitaines Cercé et Mouvans blessés ; les fantassins, leur succédant aussitôt, emportèrent cette barricade, qui, faite la dernière, était la moins solide.

Deux cents hommes soutenaient la seconde, qu'on ne put emporter qu'en la faisant attaquer, des deux côtés à la fois, par de bonnes troupes en débordant les maisons et en tournant sans doute la barricade.

Il en restait encore une plus près de la ville, dit d'Aubigné, qui fut attaquée si gaillardement par les soldats venus de Pons, commandés par le capitaine Marsaut, que ses défenseurs l'abandonnèrent et, avec eux une grosse troupe d'arquebusiers qui, battant en retraite, franchirent la porte de la ville et s'y enfermèrent. Cette troisième barricade ne devait pas être dans la même direction que les deux autres, puisque, après avoir emporté la seconde, d'Aubigné sortit du faubourg pour se diriger vers le château, ce qu'il n'aurait pas pu faire s'il avait eu à franchir un troisième obstacle. Il est donc plus que probable que cette dernière devait être à l'Est des premières et vers la rue des Maçons.

Quoi qu'il en soit, comme je viens de le dire, le capitaine huguenot sort le huitième du faubourg et s'en vint sur le bord du fossé, en face du petit châtelet, et là, ayant déposé sur un petit fumier sa rondache (1) et son casque, qu'il ne pouvait plus porter, suffoqué par la chaleur, il se reposa quelques instants, reprenant haleine pour s'en retourner, ayant accompli sa promesse, mais ne croyant pas un instant que le château fut aux mains de ses amis. Or, comme les gens de la ville lui tiraient quelques coups d'arquebuse, il prenait son son casque pour se retirer, quand Nivaudière l'appela, lui criant de faire ses affaires à son aise, qu'ils n'avaient point de hâte jusqu'à minuit, qu'il eût seulement le soin d'envoyer une échelle au bastion par laquelle l'un deux descendrait, et qu'en attendant, ils allaient jeter en bas le corps de M. de Villiers. C'est alors qu'on regretta d'avoir oublié les échelles qui auraient permis d'escalader de suite le bastion et de rentrer dans la forteresse. Pour les avoir le plus tôt possible, d'Aubigné promit deux cents écus (l'argent encore plus qu'aujourd'hui était le meilleur aiguillon pour animer le soldat) à ceux qui les lui rapporteraient.

(1) Espèce de grand bouclier.

Cependant, les Blayais, en voyant leurs barricades forcées et les gens du château tendre la main aux protestants, commencèrent à perdre courage et les morte-paies (1) ainsi que les habitants commençaient à fuir pour gagner les bateaux, lorsque quelques vieux soldats les ramenèrent à l'attaque du château, leur faisant sans doute comprendre que, bien supérieurs en nombre à ceux qui le défendaient, ils pouvaient facilement s'en rendre maîtres avant que les protestants y pussent rentrer eux-mêmes.

D'Aubigné, de son côté, ne perdait pas de temps; il établit sa troupe sur la contrescarpe et lui fit occuper solidement les trois côtés de ce carré, en disant aux quatre compagnons de ne songer qu'à repousser les attaques des gens de la ville, ce qu'ils firent pendant quelque temps de leur mieux, en tuant quelques-uns de ceux qui tentaient l'escalade.

Sur ces entrefaites, arrivent les deux échelles et, avec elles, d'Aubigné qui avait pris un panache blanc (autre point de ressemblance avec le Béarnais), sentit l'orgueil d'une victoire prochaine déborder son cœur. Il descendit alors dans le fossé en jurant Dieu qu'il était « Roi de Blaye. » Mais Dieu, dit-il, le punit de sa folie en

(1) On appelait ainsi le soldat entretenu à demeure dans une garnison, en temps de paix comme en temps de guerre.

ôtant tout d'un coup le courage aux quatre traîtres. Laleu, le premier, se jeta tout éperdu dans le fossé, fuyant avec une telle rapidité vers une grosse troupe de cavalerie, commandée par Husson, qui était à huit cents pas de là dans les champs, que d'Aubigné, qui avait cru d'abord qu'il ne descendait dans le fossé que pour tenir sa promesse, ne put le rejoindre même après avoir jeté ses armes. Il revenait au bastion, quand les deux autres firent le même saut, Turtrie, le dernier, tenant à la main les clefs du château et pestant contre ses compagnons. Il offrit à d'Aubigné de remonter sur le bastion, et ils étaient en train de le faire quand le quatrième compagnon, qui ne servait les autres qu'à contre-cœur et par force, ayant fermé la poterne du bastion, tira sur les assaillants force coups d'arquebuses. Il y avait eu, depuis le commencement de l'entreprise, tant de contrariétés, de mauvais présages et d'attermoiements que les assaillants et d'Aubigné lui-même étaient découragés. Il fit battre en retraite, après avoir retiré les morts et les blessés.

D'Aubigné, devait, du reste, payer cher sa parole arrogante : «Je suis le roi de Blaye,» car Pardaillan, qui avait assisté sans doute au coup de main de 1568, en prit occasion pour conseiller au roi de Navarre de se bien garder de donner jamais un commandement important à un esprit aussi audacieux et ce fut à grand peine qu'il obtint plus tard le gouvernement de l'île du Doignon, auprès de Maillezais, d'où, il faut bien le dire, on eût plus tard toutes les peines du monde à le déloger.

On s'imagine aisément quelle dût être la joie de cette population profondément catholique, en se sentant échappée à des dangers et des vexations dont le souvenir était encore vivant en elle, mais dans leur légitime satisfaction et leur contentement d'avoir si bien rempli leur devoir, les Blayais ne perdent point de vue leurs propres intérêts et, profitant de l'auréole de gloire que leur belle défense devait dessiner autour de leur ville, ils se rassemblent le lendemain et adressent au roi Henri III, la lettre suivante :

« Sire,

» Bien qu'aussitôt que les ennemis de votre Majesté entreprirent de surprendre votre ville et château de Blaye, nous ayons dépêché un soldat à votre Majesté, pour l'avertir de ce qui s'était passé, ayant depuis pourvu à leur sûreté et conservation sous votre obéissance, suivant l'avis de M. le maréchal de Biron et de votre cour, le parlement de Bordeaux, en attendant votre bon plaisir et commandement, nous avons avisé de dépêcher vers votre Majesté un de vos officiers avec un de nos bourgeois, pour vous instruire de nos efforts pour la conservation de la ville et du château et de l'ordre que nous y avons établi en attendant votre volonté.

» Et comme il a plu, sire, à plusieurs de vos

prédécesseurs de nous octroyer pour bonnes et justes causes, plusieurs beaux dons et priviléges dont les temps de troubles nous ont empêchés de jouir, et que les circonstances qui viennent de se passer, parlent encore plus en notre faveur, nous supplions aujourd'hui très humblement votre Majesté de vouloir bien nous continuer, donner et octroyer nos priviléges et ordonner que nous en jouirons effectuellement, et nous prierons Dieu à jamais, Sire, pour votre santé, très longue vie et très heureuse prospérité.

» De votre ville et château de Blaye, le 8e jour de juillet 1580.

» Les maire, jurats, sindic, bourgeois, manans et habitants de votre ville de Blaye.

» DUBOIS, LESNIER, VALLEAU (1). »

On remarquera que, dans la joie du triomphe, ils osent vis-à-vis de ce roi qui n'a plus qu'une autorité nominale et est impuissant à défendre ses sujets, tenir un langage aussi ferme que respectueux. Ils lui exposent que, restés les seuls maîtres de la ville et du château (le maréchal de Biron venait de leur envoyer quarante soldats, qu'il avait mis sous le commandement immédiat du maire et des jurats), ils tiennent à jouir *effectuellement*, c'est-à-dire en toute vérité et sincérité de leurs dits priviléges, c'est-à-dire du droit de pacage dans le marais, de l'exemption de droits sur le sel et les vins expédiés du

(1) Cette lettre et la suivante sont extraites du T. XIII des archives historiques de la Gironde.

port de Blaye, etc., etc. Ils ne terminent point en disant « nous prions Dieu à jamais, Sire, pour votre santé ».... non, ils écrivent qu'à ces conditions, ils *prieront* Dieu.... Or, il fallait une certaine énergie pour parler ainsi à leur roi à une époque où les princes gardaient encore un prestige bien disparu aujourd'hui.

Mais ce n'est pas tout ; pour faire mieux accueillir encore leur requête, avec cette finesse d'esprit et cette politesse qui caractérisent les heureux habitants de cette contrée favorisée qu'on appelle le climat girondin, ils ont, en même temps, le soin d'adresser une missive à la reine, non pas à cette compagne d'Henri III qui vit, retirée dans ses appartements, loin de toute intrigue et déplorant les égarements d'un époux trop léger, privée, du reste, de tout pouvoir et de toute autorité, mais à la mère du roi, à celle qui depuis trente ans déploie pour lutter dans ces temps difficiles, toutes les ressources de la politique italienne la plus déliée, à celle qui est toute puissante sur l'esprit de son fils et qu'ils savent la seule et véritable reine de la France, en un mot, à Catherine de Médicis et voici comment ils s'expriment :

« Madame,

« La hâte avec laquelle nous avons dépêché dernièrement à Sa Majesté un messager pour l'avertir de l'entreprise que ses ennemis et les vôtres avaient fait sur votre ville et château de Blaye, nous empêcha d'en informer

Votre Majesté, mais maintenant que nous avons pourvu à leur sûreté et à leur garde, nous avons désiré que nos délégués vous confirment que nous sommes toujours les très humbles, très obéissants et très fidèles serviteurs et sujets de vos Majestés, vous suppliant, afin que de tels inconvénients ne nous puissent plus advenir, qu'il plaise à vos Majestés vouloir ordonner que les lieutenants qui commandent ci-après en votre ville et château soient vigilants, capables et dignes de leurs charges et connus et estimés tels par vos sujets (on voit qu'il ne craignent pas de dire ici la vérité et de prouver que c'est à eux seuls et non à un gouverneur absent que le roi doit la conservation de Blaye, de cette place grande et conséquente qui garde l'entrée de ces rivières, où l'on visite tous les navires étrangers et où les Anglais laissent leurs armes et boîtes d'artillerie quand ils montent à Bordeaux » lettre de Lanssac à François II, manuscrit de la bibliothèque nationale, vol. 15873); autrement, ajoutent-ils, il est à craindre que les dits inconvénients n'adviennent de rechef, ce qui serait la totale ruine et perte de votre Guienne. »

Le souci de voir le château, commandé par un chef vigilant et d'une fidélité à toute épreuve les préoccupa quelques jours après, au dernier point, ce qui était bien naturel, puisqu'il suffisait, on vient de le voir, d'une faible garnison pour tenir la ville en échec.

Depuis longtemps, le commandant du château, d'Hervaux cherchait à se démettre de sa charge, et son absence au moment du danger, qu'on pouvait lui reprocher, ne devait qu'augmenter son désir de la céder. Tout à coup, une lettre du roi les informe que cet officier lui en a demandé l'autorisation et va se rendre à Blaye. Le messager ajoute que M. d'Hervaux s'avance à la tête de forces considérables. Toute la population s'inquiète et se demande dans quel but il tient à rentrer avec un appareil militaire imposant dans une ville fidèlement gardée et conservée sous l'obéissance du roi. Les appréhensions ne font que redoubler quand on apprend que c'est au capitaine Pastourat que M.d'Hervaux veut céder sa lieutenance, c'est-à-dire celui-là même qui avait joué un rôle néfaste dans la surprise de Blaye, en 1568.

Aussitôt, le maire les jurats et les notables se réunissent et transmettent au maréchal de Biron d'énergiques remontrances sur un choix qui les inquiète (1). Ils accusent nettement et hautement le capitaine Pastourat d'avoir livré le château et la ville aux huguenots. C'est lui, disent-ils, qui a quitté et abandonné son poste, étant à la tête des morte-payes et des soldats, en criant le premier : « Sauve qui

(1) Archives historiques de la Gironde, T. XIII, page 469 Biron était alors maire de Bordeaux et gouverneur de la Guienne. A la nouvelle du coup de main de d'Aubigné, il se hâta d'accourir à Blaye, avec des secours et félicita les habitants de leur vaillance.

peut et qui m'aime me suive », pour s'en aller à Bourg! C'est lui qui, à la vue de tous, a fui emportant sa cuirasse et son casque et qui, par ce funeste exemple et ces lâches paroles, a jeté les habitants dans un tel découragement que quelques-uns ont suivi le capitaine et abandonné la défense de la ville, croyant, d'après son dire, que tout était perdu! Ils soutiennent, en outre, que son père, son beau-frère et son cousin germain, ont ourdi, avec le sieur des Roys, cette noire trahison. Aussi conjurent-ils le maréchal de ne pas confirmer dans un grade et une charge aussi importante le sieur Pastourat, en lequel ils n'ont aucune confiance, lui assurant qu'avec les quarante soldats qu'il leur a accordés pour tenir garnison sous leurs ordres, il n'y a rien à redouter et qu'il aura toute satisfaction de leur manière d'agir. Ils terminent enfin en lui donnant avis qu'à six lieues de la ville, on a aperçu plusieurs compagnies de gens de pied, dont on ignore les desseins. (Lettre datée du 26 juillet 1580 et signée : Dubois, Valleau, Turpin); le maréchal de Biron transmit leur demande au roi et obtint de lui que les choses resteraient en cet état (1).

Tel fut le dénouement de cette entreprise sur Blaye, dirigée par le plus audacieux et

(1) Lettre du maréchal de Biron au roi, datée du 25 juillet 1580 et écrite du camp de la Mothe Montgauze.

le plus habile des capitaines du roi de Navarre. Est-il besoin de dire le plus brave? Ne le voit-on pas, dans ce récit, toujours le premier à l'attaque, le dernier à la retraite! — Mais si l'audace du partisan excite notre admiration, ne devons-nous pas l'accorder encore davantage aux habitants de la ville de Blaye, qui, menacés de tous les côtés à la fois, restent vainqueurs dans la lutte, grâce à leur vaillance et à la précaution qu'ils prennent dès que l'ennemi les menace d'appeler aux armes la population voisine. Nous sommes heureux de pouvoir citer les noms plus modestes du maire et des jurats qui dirigèrent cette noble défense, à côté du nom du hardi capitaine qui les combattit (1).

(1) Le maire de Blaye, Pierre Dubois, ne devait pas, par un triste retour des choses d'ici bas, jouir longtemps de la gloire de son succès et de la reconnaissance de ses concitoyens. Un peu moins d'un an après, il était lâchement assassiné à Bordeaux, ainsi que le fera connaître la lecture de la pièce suivante, extraite des Archives municipales de Bordeaux (Cour des jurats), archives historiques de la Gironde, t. X, communiquée par M. Gaulieur, archiviste :

« A la requête de M. le procureur de Bordeaux, » Pierre de Morilhières, advocat en la cour et jurat » de la dicte ville, assisté de son clerc Vital Curat » et de Maître Richard Destivals, notaire et greffier » à Bordeaux, reçoit la plainte de Pierre Dubois, » seigneur de Sudres (où était cette seigneurie ?), » maire et capitaine de la ville de Blaye :

» Se plainct qu'étant venu en cette ville pour le » service du Roi et de la ville de Blaye, par le com- » mandement du seigneur de Lansac, avec un jura

Comment aussi ne pas regretter avec douleur ces guerres fratricides où, comme l'écrit de Castelnau, sous prétexte de religion et d'utilité publique, l'élite de la noblesse française dispute à la couronne ses plus riches provinces, appelle à son secours des armées étrangères et fait s'entretuer plus d'un million de sujets de toutes conditions.

Et cependant le XVIme siècle ne devait pas finir sans voir se renouveler dans Blaye une nouvelle guerre fratricide ; des Français allaient de nouveau lutter, quelques années plus tard, sur ce sol ensanglanté, et les Blayais devaient encore une fois, à force de constance, de bravoure et d'opiniâtreté, rester vainqueurs de leurs adversaires et forcer à s'éloigner de leurs murs un des meilleurs

---

» de la ville de Blaye, nommé Prévost, pour présenter
» certaine requeste à M. le maréchal de Biron (1)
» contre autre requête présentée au dit sieur maréchal
» par un nommé frère Jehan de Mourac, prieur de
» Saint-Romain de Blaye, Glaude Poytier, soy disant
» saindic de la terre de Blaye et seigneur de Casaulx;
» et estant le dit qui se plaint, ce jourd'hui, environ
» une à deux heures après midi, en compagnie de
» Cancer (2), passant par la rue du Pas-Saint-George
» et entre l'étable de Lamoureux et le jeu de paume
» de M. de Mullet, président aux enquêtes, seraient
» survenus : un nommé Gailhard Baudet, dit de La
» Reballerye, accompagné d'Antoine Benoist, un
» nommé Merigo, serviteur du dit Benoist et autres,
» leurs complices, armés d'épée et dague, lequel la

(1) Alors maire de Bordeaux. Montaigne, en voyage, ne fut élu que le 1er août 1581.

(2) Louis Bonneau, sieur de Cancer, un des témoins.

capitaines d'Henri IV, le maréchal de Matignon. Mais, nous nous arrêtons ici, et si ce récit a excité quelque intérêt, nous nous ferons un devoir de retracer bientôt cette autre page glorieuse de l'histoire de la ville de Blaye.

» Reballerye aurait poussé le dit qui se plaint disant » pourquoi il le poussait, et ce disant a dégainé son » épée et d'icelle lui a baillé un coup d'estoquade » dans le corps, au côté gauche, dont l'a blessé jusques à grande effusion de sang, duquel coup il est » en danger de mort, et les dits complices ont aussi » dégainé leurs épées ; desquels excès a requis en » être informé, ce qui a été fait. »

(Suit la déposition de neuf témoins interrogés une première fois le 18 mars 1581, jour du crime, et une seconde les 29 avril, 6, 10 et 12 mai suivants ; le maire de Blaye mourut des suites de sa blessure.)

Ordre d'Arrestation

» Soient prins au corps, un nommé La Reballerye, » Anthonin Got Benoit, dit le seigneur du Saugeron, » unnommé Mérigat, serviteur du dit Benoit, et un » nommé Boudichon, soldat de la ville de Blaye.

» Fait à Bourdeaux, le 20 mars 1581.

» *Signé* : De Morilhères. »

Blaye. — Imprimerie E. BRUNETTE, rue des Maçons, 11.

www.ingramcontent.com/pod-product-compliance
Lightning Source LLC
LaVergne TN
LVHW020446230826
846091LV00004B/1560

9782011927422